# ¡JÁLALO!

Marla Conn y Alma Patricia Ramirez

Rourke
Educational Media

A Division of
Carson Dellosa
Education

# Glosario de fotografías

 libro

 puerta

 flor

 **papalote**

 **carrito**

 **cierre**

3

# Puedes jalar un **carrito**.

# Puedes jalar un **papalote.**

**papalote**

**Puedes jalar una puerta.**

puerta

Puedes jalar una **flor**.

 flor ➡

# Puedes jalar un **cierre.**

cierre

13

Puedes jalar un **libro**.

# Actividad

1. Menciona todas las cosas de la historia que puedes **JALAR**.

2. Halla cosas en tu hogar o escuela y **JÁLALOS** para practicar.

3. Habla de las siguientes preguntas:
   - ¿Qué es el movimiento?
   - ¿Cómo se ve algo que está en movimiento?
   - ¿Qué significa **JALAR** un objeto?
   - ¿Importa la fuerza con la que se **JALE**?
   - Si yo **JALO** algo, ¿a dónde se va?

4. Escribe una oración y haz un dibujo de algo que puedas jalar.

# Acerca del autor

Marla Conn es una educadora, especialista en lectoescritura y escritora. ¡Ha leído más de 1,000 libros! Marla cree que enseñar a leer a los niños es un regalo que abre un mundo ilimitado de posibilidades. A ella también le gusta pasar tiempo con su familia y sus perros y visitar nuevos lugares.

# Acerca del diseñador del libro

A Rhea Magaro-Wallace siempre le han gustado los libros con hermosas fotografías. Cuando no está diseñando libros Rhea disfruta surfear con sus cinco hijos aventureros y tomar fotografías en la playa.

PHOTO CREDITS: Cover, page 1: ©Serenko Nataia; pages 4-5: ©jacoblund; pages 6-7: ©Pobblebonc; pages 8-9: ©killerblo; pages 10-11: ©wundervisuals; page 13: ©Marilyn Nieves; pages 14-15: ©Zephyr_p

**Library of Congress PCN Data**
¡Jálalo! / Marla Conn
(Listos para las ciencias)
ISBN 978-1-73164-918-8 (hard cover)(alk. paper)
ISBN 978-1-73164-866-2 (soft cover)
ISBN 978-1-73164-970-6 (e-Book)
ISBN 978-1-73165-022-1 (e-Pub)
Library of Congress Control Number: 2021935462

Portada y diseño de interiores: Rhea Magaro-Wallace
Traducción: Alma Patricia Ramirez

Printed in the United States of America
01-1872111937

# Ciencias físicas

## ¡Jálalo!
## Jalar mueve las cosas hacia ti.
## ¿Qué jalas?

**Los libros en la serie *Listos para las ciencias* incluyen:**

Puedo saltar

Puedo correr

Puedo nadar

Los seres vivos

Los objetos que no son seres vivos

¡Jálalo!

¡Empújalo!

Máquinas simples

¡El agua está en todos lados!

¿Qué es un sólido?

Rourke
Educational Media
rourkeeducationalmedia.com
A Division of
Carson Dellosa Education

ISBN-13: 978-1-73164-866-2

NEXT GENERATION
SCIENCE
STANDARDS

Lector emergente
Guided Reading Level: **A**

**Estándar de ciencias de la siguiente generación**
K-1-LS1- De moléculas a organismos: Estructuras y procesos

Listos Lectoras NIVEL B

# HAZ QUE SE MUEVA

Listos para las ciencias

Marla Conn y Alma Patricia Ramirez

**Estimados padre y educador,**

*Listos para las ciencias* de Rourke para lectores guía a los niños pequeños hacia oportunidades de lectoescritura enriquecida a la vez que ellos se sorprenden, descubren y exploran su mundo natural.

Los textos de nivel B proporcionan a los lectores emergentes oportunidades para practicar el conocimiento de los textos impresos, el escaneo visual, la combinación de sonidos y símbolos para formar palabras, analizar la estructura de las oraciones y derivar el significado de mensajes escritos.

Anime a los lectores emergentes a:

- Volver a leer y pensar acerca de las palabras que tienen sentido
- Usar pautas a partir de imágenes
- Detenerse en los signos de puntuación
- Hablar las palabras; mirar los sonidos iniciales, pedazos y palabras pequeñas dentro de las palabras
- Identificar palabras de alta frecuencia y palabras reconocibles a primera vista

---

#### Cómo usar los textos de nivel B de no ficción para los lectores principiantes

1. Lea el título, hable sobre la ilustración de la portada y haga predicciones.
2. Hable acerca del trabajo del autor y del ilustrador.
3. Haga un recorrido visual a través de la historia.
4. Haga énfasis en los conceptos nuevos y el vocabulario del glosario.
5. Haga un modelo de los patrones del lenguaje y los conceptos impresos.
6. Haga preguntas de enfoque acerca de la idea principal y los detalles.
7. Pida a los estudiantes que lean en silencio.
8. Hable del significado del texto.
9. Invite a los estudiantes a leer en voz alta.
10. Escriba acerca del libro.

*Listos para las ciencias* da a los lectores principiantes acceso a textos apropiados a su nivel para desarrollar conocimientos y extender su curiosidad acerca del mundo que los rodea. A la vez que forman destrezas de competencia en la lectoescritura, los niños desarrollarán comprensión de las ciencias biológicas que involucran el estudio de animales, personas y su relación con el ambiente.

Disfruten la lectura,
Marla Conn